국제문학시선 50

한국문학 대표 선집(3) 사계절 공동시집 ②

당신과 함께 걷는길

한국문학 대표 선집(3) 사계절 공동시집 2
당신과 함께 걷는 길

| 1쇄 발행 2024년 11월 30일
| 지 은 이 : 박영춘 김순기 나비송 박영의 안은하
| 이형숙 장영생 손영규 김영중 박완교
| 박진희 김진환 고민관 최형묵 김제순
| 발 행 인 : 김성구
| 발 행 처 : 국제문학사
| 등록번호 : 2015.11.02. 제2020-000026호
| 주   소 : 서울특별시 광진구 광나루로 15길 41 (102호)
| 전   화 : 02 - 365 -7271
| 주 거래은행 / 농협 351-0914-8841-23(김성구 국제문학사)
| 전자우편 E-mail kims0605@daum.net
| ISBN :979 - 11 - 89805 -57-9 03810)

값 15,000원
잘못된 책은 본사나 구입하신 곳에서 바꿔드립니다.
ⓒ 2024. Printed in Seoul, Korea

문학 시선 50

韓國文學 대표선집(3)
사계절 15인 공동시집 2

당진과 함께
걷는길

박영춘 김순기 나비송 박영의 안은하
이형숙 장영생 손영규 김영중 박완교
박진희 김진환 고민관 최형묵 김세순

한국문학 대표선집 사계절 공동시집을 엮으면서

김성구
시인, 문학평론가
국제문학 발행인

　한국의 사계절인 봄, 여름, 가을, 겨울은 창조주께서 주신 가장 아름다운 선물이다. 한국인으로 태어나서 사계절의 아름다움에 빠져보지 못한다면 그것은 너무나도 안타까운 일이다. 요즘처럼 하루하루 살아가기 어려운 시대를 사는 이들은 계절이 변하는 것도 버겁다고 말한다.
　삶에 지쳐 잠시 멈춰 있을 때 담벼락에 붙여진 시 한편, 지하철 승강장 유리에 붙여진 시 한 편이 힘이 될 때가 있다.
　한국의 아름다운 사계절을 노래하는 시인들의 시를 모아 독자들에게 소개하려고 한다. 현대 시인의 시를 소개하면서 한국의 사계절과 사랑을 집중적으로 노래하고자 한다. 이 시집을 읽는 이들에게 별빛 흐르는 시내를 건너면 사랑하는 당신과 함께 걷는 길 위에서 행복을 찾게 될 것이라는 희망을 전한다.

목 차

4   머리말

박영춘

14 ················· 달맞이꽃
15 ················· 꽃에 날아든 그리움
16 ················· 파도
17 ················· 더 꽃피고 싶은 망초
18 ················· 때늦은 후회
19 ················· 더보다 덜은 행복이다
20 ················· 가고 오고
21 ················· 눈 오는 소리
22 ················· 말캉거리는 홍시
23 ················· 가을이여 하늘이여

김순기

26 ················· 바다에 봄이 오니
27 ················· 봄동
28 ················· 부끄러운 추억에 침묵했던 당신
29 ················· 사랑앓이
30 ················· 사월 열사흘
31 ················· 사월에 내리는 비
32 ················· 섬에서 맞은 아침
33 ················· 시월에는
34 ················· 오려거든
36 ················· 오월의 맵시

나비송

38	장마
39	행복을 찾아
40	그리움
41	복잡한 나
42	충격
43	해탈
44	산다는 건
45	영혼과의 대화
46	비공개
47	그러니

박영의

50	다시, 깃발을
51	철원
52	태양의 방향
53	적요
54	지금도 모른다
55	그 겨울날
56	회상
57	겨울 추억
58	살살이꽃
59	화해

안은하

62	봄
63	여름
64	가을(1)
65	가을(2)
66	겨울
67	비
68	매화
69	속삭임
70	음료
71	선택

이형숙

74	밤하늘
75	봄 날
76	자연은
77	슬픔이란
78	세월은 간다
79	자라지 않는 아이
80	가을비
81	어찌된 사람일까
82	여름
83	봄비 내리는 아침

장영생

86	봄의 시작
87	봄 스케치
88	첫사랑
89	부부 4
90	노년의 봄날
91	놀이
92	씁쓸한 차이
93	인연 13
94	삶의 꽃
95	어둡고 긴 터널에서

손영규

98	풍경 소리
99	복수초
100	2020의 봄
101	동백
102	연밭에 이는 바람
103	내 사랑
104	나무
106	동짓날
107	회향回鄕
108	당신의 은혜

김영중

- 110 ············· 하얀 겨울 첫 손님
- 112 ············· 하늘이 손에 닿는 곳
- 114 ············· 차가운 겨울 빛깔
- 116 ············· 이 봄이 가기 전
- 118 ············· 미동없는 탄금호 여름강물
- 119 ············· 독도 초상
- 121 ············· 내 어머니의 사랑가입니다
- 123 ············· 그 사랑이 어디 변하겠습니까?
- 125 ············· 가을은 그렇게 농익어 가고 있다
- 127 ············· 가을 사람, 가을 이야기!

박완교

- 130 ············· 낙엽
- 131 ············· 오일장
- 132 ············· 하굣길
- 133 ············· 詩人이 될 때까지
- 134 ············· 아직도 어린데 떠나려 하느냐
- 135 ············· 보름 달 과 마실
- 136 ············· 이곳이 천국이라고요
- 137 ············· 그곳에는
- 138 ············· 머루
- 139 ············· 붕어낚시

박진희

142	아내는 울타리
143	함께 걸어온 길
144	아카시아꽃
145	어머니 인생
146	그리운 친구
147	소의 일기
148	멍석 위에 피는 꽃
149	누렁이 남매(송아지)
150	애기 송아지
151	산골 다랭이

김진환

154	연 인
155	봄 가뭄 그리고 갈증
156	봄비 그리고 소갈
157	유혹 (취중몽)
159	그리움
161	소낙비 개인 오후
163	가을 산책
165	가을을 타는 날들
168	들국화 꽃
169	봄날의 향수

고민관

172	…………………	가난
174	…………………	가을 아침
176	…………………	고구마
178	…………………	고향 바다
180	…………………	그대 내 친구여
182	…………………	내 고향의 샘물
184	…………………	사랑의 꽃
186	…………………	산을 오른다
188	…………………	잔설(殘雪)
189	…………………	추억의 뒤안길

최형묵

192	…………………	삼일절
193	…………………	할미꽃
194	…………………	왜 사느냐고 묻거든
195	…………………	열번째 고개
197	…………………	생애 최고의 시간
198	…………………	숲의 향연
200	…………………	5월의 감사
201	…………………	인생나무
203	…………………	이밥나무
205	…………………	어머니의 여행

김제순

208	꽃 담
209	둘로 하나 되어 살아가기
210	눈 오는 밤에
211	하나둘 점 하나(12.1)
212	관음 송
213	다래골 풍경
214	꿈
215	꿈 그리고 봄
216	왔다 그냥 가
217	고개 넘어 내임 못 올수록

박 영 춘

시인, 수필가
김영랑 문학상 외
한국문인협회 전 감사 외
국제문학편집이사
시집<이파리가 말하다> 외

달맞이꽃

달빛 미소
반가움
환한 밤

풀꽃 혼자
보고픔
그립게 펴

달빛 안고
치렁치렁
그림자 춤추다

향기 주고받아
달덩이 닮은
노란 달맞이꽃 피웠다

꽃에 날아든 그리움

그리움에 취하고 싶어
막걸릿잔에 닿은 설렘

술잔에 닿자마자
어디에선가 날아든 꽃잎

그리운 날개 짓
파들파들 노 젓는다

꽃잎 취했다
나도 취했다

지금 이 시간
그리움 반쯤 나눠 마셨다

지금 이 시간
향기 반쯤 나누어 취했다

파도

긴 세월 고생 고생
흘러 흘러 왔으면
이제 깊고 넓은 마음으로
뭇 생명 품어 안고
고요히 잔잔히 살아가야지

무슨 한이 그리 많아
거친 파도를 일렁이나요

바람이야 불든 말든
해 뜨면 햇빛 노을과 놀고
달뜨면 달빛그리움 아랑곳하며
너울너울 세월 안고
그렇게 전설처럼 살아가야지

파란만장한 옛 시절에 비하면
수많은 이웃들과 정 섞으며
어우렁더우렁 살아가기 참 좋기만 하련만
왜 그리도 넓은 속을 길길이 뒤집어놓나요

더 꽃피고 싶은 망초

여보 게 이 사람아
문청시절 때 다짐한
청운의 꿈
어느덧 다 어디로 갔는가

붉은 핏물 떨어지는 얼굴
어느덧 어디 가고
가기 싫은 길 끌려 넘어가는
아리랑고개 찬바람에
검버섯 초라한 낙엽 되었는가

초록빛 잠들었어도
향기 찌들어가도
일곱 빛깔 꽃 피어오르는
무지개다리 동네에서
나와 함께
꽃 피우며
향기 피우며
몇 해만 더 살다가고 싶지 않은가
그때쯤은 시절이 참 좋을 것 같은데

때늦은 후회

좋은 말
더욱더 좋게 말하며

좋은 그리움
더욱더 좋게 그리워하며

좋은 사랑
더욱더 좋게 사랑하며

좋은 하루하루
더욱더 좋게 지내니

바로 지금 이 시간
바로 여기가 천국이구나

바로 요 가슴속이 내 천국임을
왜 진즉 나는 모르고 살았을까

후회 후회
때늦은 후회가 가슴속을 울린다

더 보다 덜은 행복이다

요만큼 아픔은
더 아픔에 비하면
덜 아픔이니
행복이라 아니 할 수 없다

내 아픔보다 더한 아픔을 보면
요만큼의 아픔을
나는 행복으로 받아들이고 싶다

"행복은 손이 닿는 곳에 가꾸는 꽃밭이다"
라고 소설가 어니스트 헤밍웨이는 말했다

"행복은 아픈 꽃밭에 꽃을 피우는 일이다"
라고 나는 헤밍웨이의 말을 흉내 내고 싶다

가고 오고

오솔길 가녘으로
외론 길 걸어가는 그리움

발맘발맘 걸어가다
홀연 멈춰선 낙엽 반쪽

할딱할딱 뒤쳐진 가쁜 숨
고운 낙엽 반쪽 기다리다

더 이상 걸어갈 수 없어
고롱고롱 힘겨운 발걸음

바스락거리는 심장
마지막 삼키는 목마름

풀잎에 맺힌 짧은 시간
이슬 받아먹고 있었다

몸은 가고 있었고 마음은 오고 있었다
낙엽은 가고 있었고 봄은 오고 있었다

눈 오는 소리

듣기 좋은 소리
듣기 싫은 소리

이 소리
저 소리
모두 잠든
고요한 한밤중
뒤척이는 잠
설치는 그리움

사르르
사르르

눈 오는 소리
잠재우는 자장가

말캉거리는 홍시

기다림에
지쳐
말캉거리는 그리움

늦은 가을
노을빛에
볼그스름히 익은 얼굴

깊어가는 가을
밤하늘에 별들
감나무가지에 내려앉아

푸른 날
푸른 꿈
감싸 안은 보따리 속
푸른 그리움
말캉말캉 빨갛게 익었다

가을이여 하늘이여

하늘이여
어찌하여 매일 낯빛이
흐렸다 개였다 변하느뇨

가을이여
어찌하여 연일 성품이
폭염이었다 폭우이었다
폭풍이었다 거칠어지느뇨

알아들을 수 없는 말만 지저귀던 새
지금 어느 하늘에서 무엇하고 있느뇨

늘 거짓말만 뱉어내던 새
지금 어느 둥지에서 무슨 음모 꾸미느뇨

하나같이 똘똘 뭉쳐 꽃피우자 다짐한 꿈
매일 알아들을 수 없는 말만 늘어놓느뇨

풍성한 가을이여
알찬 고갱이, 속 찬 알맹이, 다 어디 갔느뇨

푸른 하늘이여
해맑은 하늘, 포근한 목화구름, 다 어디 갔느뇨

가을이여 하늘이여
우듬지에서 휘파람 불던 그 새 지금 어디 있느뇨.

김 순 기

시인. 목사
아호: 청심(淸心), 전남 신안출생
2009년 월간 문예사조 신인상(詩 부문)
국제문학 문인협회 회원, 국제문학 문인협회 신안지사장
제5회 한반도통일 문학상 수상, 제8회 국제문화 예술 대상 수상
3.1운동 100주년 기념 시인 33인
韓國文學 대표선집 『싱그러운 계절』 공동 저자
한국예술인 복지재단 원로시인

저서(詩集) : 시집 『행복한 동행』, 『햇살이 머무는 곳』
『나의 사랑 나의 기쁨』, 『갈매기는 바다를 떠나지 않는다』 외
공저 다수
현, 사치교회 목사, 이메일 ks_1113@hanmail.net

바다에 봄이오니

출렁이는 파도
노래하는 갈매기
풍어를 약속하는 깃발을 단 배

갯벌을 누비는 어부들
망태기 하나에
삽 한 자루 전부지만

석양을 등지고
둥지 찾아 돌아오는 발걸음엔
미소 가득 어깨에 힘이 들어간다.

구릿빛 얼굴엔
꿈과 희망 가득하고
가는 세월 붙잡아두듯 흥에 겨웁다.

봄동

쌓인 눈 걷어내고
봄을 기다리는 배추 뽑아다가
노오란 조밥에
된장 찍어 볼때기 찢어지게
한입 넣고 마주 보며
웃고 즐기던 그런 날이 스쳐 지나갑니다.

허기진 배를
채우는 것도 아닌데
딱딱하게 얼어있는 밥 한 덩이에
따뜻한 정 가슴에서 가슴으로 전하여지고
웃고 웃으며 정을 나누던 이웃들의 사랑이
그리워집니다.

부끄러운 추억에 침묵했던 당신

수북하게 쌓인 먼지
훅~ 불어버리고
한 장 한 장 넘기며
그때 그랬지 할 추억에 당신 있어 고마워요~

나. 어디 있든지
그냥 침묵하며 지켜주던 당신
내 모습이
고운 것만은 아니었을 터인데

50년을 넘게
그냥 지켜봐 준 당신
그것이 사랑인 것을 이제 조금 깨닫고

부끄러운 추억을
한 장 한 장 넘기면서
당신의 사랑에 감사의 눈물이 흐른다.

사랑앓이

밀물처럼
밀려오는 외로움
쓰나미처럼 밀려오는 그리움
60년 갇혀있던 봇물이 터진 것인가.

토닥토닥 칭얼칭얼
그렇게
살아온 일상이
사랑앓이로 다가온다.

성장통을 거쳐
아이는 어른이 되듯이
추억 속에 남아있는 사랑앓이로
설레는 마음
뛰는 가슴으로 석양의 노을을 본다.

사월 열사흘

파도를
춤추게 하던 바람도 그치고
노오란 민들레가
고요한 아침 햇살에 더욱 예쁜 날

아주 작은
이름 없는 꽃들이 아름답고
개구리 소리 내어
개골개골 노래하고
숫꿩은 노래 불러 존재를 알린다

봄의 아름다움이
꽃과 풀에서 얻어지는 것 아니고
내 안에 있는 나를 찾아
그 지으신 것이 보시기에 좋았더라

그 눈으로
그 마음으로
회복 되어지는 것이리라.

사월에 내리는 비

화사한 꽃잎은
비에 젖어 땅에 구르고
연초록 잎은
청록으로 그 색깔을 바꿔
계절의 여왕 오월을 맞을 채비를 하는 듯

수고로움 없는
즐거움이 어디 있으며
땀 흘리지 않고 얻은 기쁨 있으리오.

그날처럼
비는 내리는 내리고
접은 우산 들고 다가오던 임 은
그리움으로 가슴에 남는다

섬에서 맞은 아침

바다에서 올라오는
새벽공기가
묵은 때를 말끔히 씻어주는 듯 상쾌하다

갈매기도 잠들어있고
뱃고동 소리도
철석 이는
파도의 노래도 들리지 않는 고요함

섬에서 맞은 아침은
설래임으로 꿈으로
가슴 뿌듯한 희망으로
밝은 미소로 찾아오는 임을 그려 가슴을 편다.

시월에는

사람들은
받아서 감사하고 즐거워한다.
또 그것을
하나님의 은혜라고 말한다.

시월에는
풍요를 서로 나누고
사랑을 서로 나누면서 감사하고
그것을 은혜라고 표현하고 살아보자.

오려거든

오려거든
이슬비가 소리 없이 내리는
날에 오렴
작은 우산을 같이 쓸 수 있게

오려거든
눈꽃이 내리는 날에 오렴
겨울에 못다 한 이야기 나누며
꽃길을 걸을 수 있게.

오려거든
녹음이 짙은 때에 오렴.
지난날의 젊음을 이야기하며
추억을 꽃피우게,

오려거든
해 저문 저녁에 오렴
어두운 밤 밝히는 작은 별 세면서
사랑의 긴~ 이야기 나눌 수 있게.

바람을 타고 비가옵니다
연초록
짙은 빛으로 물들여
5월을
계절의 여왕으로 맞으려는 듯~
나의친구
어여쁜 자야 일어나서 함께 가자.

오월의 맵시

오월은
연초록으로 물들어가고
꽃비 되어 흩날리던
곱고 아름다웠던 그 자리 어디던가.

얼었던 마음을 열고
두 손 들어
환호하던 그 날의 행복은 쉬이 잊고

삶, 환경, 기쁨.
행복의 조건까지도 초록에 젖었네
오월.
계절의 여왕이어라

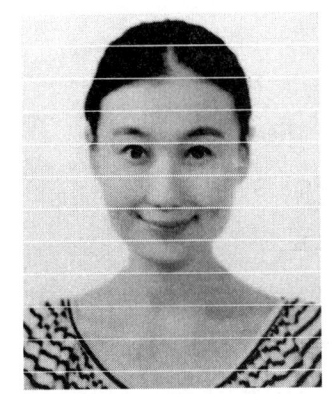

나비송

시인, 작사가
제7회 국제문학신인작가상 시 당선
대표 작 : Y2K-「내 안의 너」
이지훈-「지켜만 볼게」
배슬기-「꽃잎이 지면」
신화-「키가 자랐어요」
기주-「하모니카」
포 프렌즈-「마지막 사랑」외 다수

장마

한 폭의 수채화로 번져
거센 강물처럼 불어나는 빗물
허한 마음 휩쓸어 가면
세상 어둠 속으로
같이 묻히어
고요함의 정적을 깨듯
깊이 무너집니다
잠이 들다 순식간에

행복을 찾아

파닥 파닥 파드닥
힘찬 날갯짓은 아니지만
날고 있습니다
날아가고 있습니다
개울을 넘고 동산을 넘어
하얀 꿈 저편으로
쉼 없는 외로움을 달고서
긴 긴 행복을 찾아

그리움

포개고 포개고 포개서 접습니다
당신은 무게가 없어서
아무리 접어도 두꺼워지지 않습니다

좁은 가슴 어디라도 들어갈 수 있게
먼 훗날 말끔히 정리된 나로 볼 수 있게
포개고 포개고 포개서 접습니다

복잡한 나

눈물을 흘려서 뭐해
아쉬워 해봐야 뭐해
다 소용없는 감정일 텐데
아무것도 남기지 말자
그냥 바라보자
기억은 잊어버릴 수도 있는 것
난 나를 믿지 않아
아무리 아프고 슬퍼도
나는 날 지키지 못해
복잡한 나

충격

지금 바람에 나부끼는 건 옷자락만이 아니야
눈동자가 출렁이고 가슴이 열리잖아
뇌가 시간을 정지시켰어
삶은 무료인데 행복을 일구는 것도 나인데
왜 이리 허망한 거지 왜 이리 뻥 뚫리는 거지
앞으로의 나아감이 헛된 건 아닐 텐데
내가 붙잡고 있어 나를
바보같으니라구 바람안에서 영원히 잠들 수 없어

해탈

미움이란 건 쌓아가면 쌓아갈수록
마음을 무겁게 하는데
사랑이란 건 쌓아가면 쌓아갈수록
마음을 가볍게 합니다
그리고 지금 나의 마음은 가벼움
바로 그건 자유로운 가벼움입니다

산다는 건

산다는 건
겨드랑이 속에 그리움이라는 작은 날개를
감추고 사는 것입니다
시도 때도 없이 간질거려도
마음 놓고 펼 수 없는 애달픔입니다
희망을 품어 저 높은 하늘을 바라다봅니다
어디쯤인가요 삶의 여행은
닿을 수 없는 먼 거리에도 훨훨
날아 갈 수 있는 가벼운 영혼을 느끼며

영혼과의 대화

들어주세요 기쁜소식이에요
먼 곳까지 가지 않아도 된답니다
당신을 만나러 더 이상
힘들어하지 않아도 된답니다
고요한 숲길 아침 안갯속으로
자신도 모르게 감겨 걷듯이
나는 비로소 두 손으로
거울 속 당신의 얼굴을 씻어냅니다
기다림에 지친 당신을 깨끗이 닦아냅니다
세상에 얼룩이었을까요
삶은 원래가 고단하다는데
당신은 참고 견디어
이 험한 시간들을 돌고 돌아
지금 내 작은 애기 같은 심장에 머물러 있습니다
아- 행복합니다 감사합니다
당신이 더는 떠나지 않도록
외로운 방랑자 되지 않도록
지키겠습니다 감싸안겠습니다
당신을 위해 영원히

비공개

넌 모든 게 비밀인 거니
어쩌다 그리된 거니
난 정말 많은 게 궁금했는데 ..

그러니

당신을 사모하다
내 마음은 물이 흘러 바다가 되었습니다
달이 굳어 별마저 하늘에서 떨어지어 잠기면
바람도 길을 잃어 당신의 소식을 안고 절망합니다
밀려왔다 밀려갔다
슬픔에 목을 맨 바닷속 영혼이여
돌덩이를 달은 얇은 발목이
깊은 심연 속으로 빨려 들어감에
꿈을 잃었습니다
눈빛을 잃었습니다
그러니
볼수록 희미했던
당신이란 존재에 전부를 걸었던 무지만큼
용서받지 못하는 나를 부디 사랑해주세요.

박영의

전북 정읍 출생
제17회 국제문학 신인작가상 시 당선
제11회 기독교문예 시부문 신인문학상
총회신학교 목회연구과 졸업
한국기독교작가협회 정회원
국제문학문인협회 후원이사

다시, 깃발을

들리는가
그날의 피에 물든 그 함성
어찌 33인뿐이던가
속울음 울며 사라진 거룩한 영웅들

목숨 너머 천륜 너머
아스라이 꺼져 간 님들

고개 떨구면 흩어지는 봄날의 꽃잎
기울어가는 대지
무심한 나를 째찍질하고
돌아서는 바람아

꽃을 꿈꾸는 나무처럼
다시, 대한민국에
깃발을 꽂는다

철원

억지로 날개해서 미안했어
퍼득이는 날갯짓에 내 날개도 아팠어
창공을 나는 새의 비상
하염없이 시선이 머물렀어

얼마나 영롱했던가
꿈꾸는 듯 아롱졌어
나도 모르게 가슴에 손을 갖다 댔지

핏빛 얼룩이 배인 철원 들판
한 무리 새떼의 군무
노을에 새로운 저녁이 그려지고
난 멍하니 앉아 있었어
한 백 년 굳어 있어도 좋았어

태양의 방향

무엇이 당신을 고개 숙이게 하는가요
저리 빛 따라 오는 것을
숲 아래 강가 사람들
나뭇잎 먹고 흐르는데
그러면 가을인가요

뜨거운 선율
길거리 풀뿌리에 묻어주고
떠날까요
출렁이던 파도랑
춤추던 아이들 떠난 그곳으로

지금은 아무 말 하지 마세요
폭풍우 속 질주하는 시간
마음껏 날 수 있도록

내일은 내일의 눈동자로
햇살을 감아 보내기로 해요

적요

참 희한한 밤
낯선 풍경
하얀 솜이불 겹겹이 쌓이며
천둥 번개 치네

비인 듯 눈인 듯
눈물인지 환호인지
아파트와 산과 밭, 길과 개울
하얀 눈에 싸여 밤인데 낮이네

입춘,
봄이 오나보다 했더니
뜻밖에 펼쳐진 반대편의 시야

적.막.강.산.

지금도 모른다

워어엉,
부엌에 와서 펄쩍펄쩍 뛰며 그렇게 울부짖었다
아궁이에 불 때며 아침밥 짓던 나는 깜짝 놀랐다

새끼를 여섯 마리나 낳은 백구가 왜 이럴까
누군가 꿩 잡으려 들에 놓은 쥐약을 먹은 것이다
괴롭게 울부짖으며
온몸이 싸늘하게 젖었다

백구는 그렇게 가고
식구들은 내가 알면 날마다 그곳에 가서 운다고
몰래 꽁꽁 언 공판거리 밭 위 산에다
삽 키만큼 땅을 파고 묻어 주었다

고물고물, 이쁜 백구 새끼 강아지들은
누룽지암죽 먹고 크다가
그중 어미 얼굴 쏙 뺀 한 마리는
제 엄마 따라가고
지금도 모른다, 백구가 잠자고 있는 그 자리를

그 겨울날

토방 위 백구
하얀 꼬리 속에 얼굴 감춘 날
초가지붕에 하얀 눈버섯 피었네
고드름은 파이프오르간인 듯
마당의 눈사람 주위로 음표를 날리네
뒤안 장독 솜털모자 쓰고
화단 향나무 크리스마스트리 되었네

우물에 달빛 고이면
아버지 바람을 건너는 소리
호랑이할머니 어둠 가르는 소리
새끼 꼬는 소리
모두 모여 동그란 과거 안에서
겨울은 그렇게 깊어만 가네

회상

산모롱이 돌아 여기 이르러
지는 해 붉은빛 돌다리에 묶고

다소곳 앉아
흐르는 강물에 얼굴 비치니
노을빛에 물든 가을입니다

내 작은 발자국마다
살아온 그림자 짙게 드리우고

흐리게 또는
맑게 살아온 지난 날
구름 한 조각 덮어도 다 보입니다

겨울 추억

눈물은 하얀 눈
흐르는 음악
부드러운 밍크
한겨울 추억이다

놀이터 지나다
술 취한 연인을 보았다
계산대 앞에서 그 남자를 또 봤다
소주 한 병 담배 한 갑

집에 오다가 그 연인 또 만났다
중얼거리는 여인
하수구 구멍 앞에 앉아 있다

내 지울 수 없는
한 순간 모습이 떠오른다
달짝지근하기도
씁쓸하기도 한,

살살이꽃

햇살 곱던 날
살살이꽃 보고파 찾아간
구리 토평리의 꽃빛
그 후 해마다
가을 기다리며 살았지
가냘픈 너
살살거리는 몸짓에
동그라미 가득 그려놓고
말았지
그 동그라미 안에
떠올려지는 얼굴
얼굴들이
가을을 흩뿌리고 있었지

화해

죽어도 용서 못 하지
내 받은 설움
뒤집어쓴 누명
몇 배로 갚아주리라

찢어지듯 아픈
검붉은 상처 안에
고스란히 박힌 울화
고개 숙인 내 하루하루
까만 숯덩이 되었다

누가 먼저랄 것 없이
서로 내미는 화해의 손
서산에 지던 해 방긋 웃는다.

안 은 하

시인, 화가, 상담사
아호: 춘초
제28회 국제문학신인작가상 시 당선
호남대학교 상담심리학과 석사 졸업
독서심리상담, 독서 지도 프로그램 진행,
미술프로그램 진행
아동, 청소년, 성인 미술 심리 상담
미술 전시회 개인전 5회
미술 전시회 단체, 초대전 다수

봄

그림처럼 초록의 물결이
콧등을 자극하네
잡초들도 너나없이
봄단장을 하며
씨앗들이 옆집 구름과
친절한 미소로 방긋방긋
소소한 행복을 나누네

여름

따뜻한 차가움이 공존하네
어둠 속에서도 별빛이 초롱초롱
마음속 문 닫지 말고 활짝 열어 시원하게
태양의 열이 마음의 화로 되어 용솟음치네

가을(1)

영리하게 사는 계절 속으로
숨소리 바람 소리
재능의 차이는 있지만
인내하며 춤 잔치를 벌이네

가을 (2)

나뭇잎을 통해
삶이 자유로워지네

운동화를 꺼내
현관의 타일과 눈 마주침
나무색 신발 주걱을
발뒤꿈치와 키스하며
초록색 잎과 땅과의 속사임
바스락바스락
솜사탕 띠기처럼 달콤하다
소홀히 하지 않고
꼼꼼하게 설렘의 줄을 잇네!

겨울

추운 겨울을 맞이한 너
강 바다 얼어붙어 녹지 않는 너
흰 백의 설경에 햇살이 쨍쨍
눈꽃을 피우며 썰매를 타네

화려한 말로 꽁꽁
백설기 떡처럼 따뜻한 바람을 품으며
흰 백의 순진함이
진한 향기를 참을 수 없게

비

빗방울이 엉기어
땅 위로 철석
심장이 두근두근 젖어
찬 공기를 만나 세차게 쏟아지네
비 내리는 모습 연잎에 또르르
구슬방울이 풀과 수목을 비춰 주네

매화

촛불 향이 불꽃을 피웁니다
흰색 달걀 모양이 뾰족한 톱니처럼
그윽이 풍기는 실바람이 빛을 자랑하며
선한 선물 꾸러미를 가득가득

속삭임

칭찬 웃음 여유 쉼의 계절
흥얼흥얼 콧노래를 부르며
창문을 열어 보니
살짝
노란 은행잎과 수국이
따분함을
출장 보내며
나비처럼 훨훨 날아
지붕 위에
연애하며 중얼중얼

음료

고로쇠 물은 봄에 잠깐 왔다가 머무네
채취용 드릴이 몸에 구멍을 뚫어
청량의 물이 우리 몸을 향해 100미터 달리기
방울방울 이슬 머금어 똑똑
네모난 바가지에 차곡차곡 쌓여
바람이 불면 잠시 휴식 시간
옆집 소나무와 일광욕하네!

선택

가을이 바짝
무지개색이 졸졸 따라다닙니다
하늘이 새와 높이 널뛰기하면
낙엽이 개미랑 베짱이와
놀이터 안에 줄을 서서
구름 위에 소꿉장난
가을 공기가 구름과 접촉하여 추수를
마음의 양식을 충전하며
구름별이 가을 방학 중

이 형 숙

시인, 아동문학가, 선교사
계간 크리스찬문학 신인상 당선
월간 아동문학 신인상 당선
한국문인협회 회원
국제펜한국본부 회원
크리스찬문학 작가상 본상수상
저서 『황혼의 사랑과 삶』 외 다수

밤하늘

엊그제 눈썹달이던 달님이
어느새 반달이 되었네.

세월은 잘도 가누나
달빛에 빛을 잃은
별님들은 다 어디로 갔을까?
달그림자 벗 삼아
집에 오는 발길은 느릿느릿.

봄 날

봄은 화려하다.
화려함은 수명이 짧다.
아름다운 모습으로
한 계절을 밝혀주던
수 많은 꽃 잎들은
다 어디로 갔을까?
흙이 되어 내년을 준비할까?

자연은

나무들이 모여 모여
숲을 이루고

꽃들이 모여 모여
꽃밭이 되고

시냇물이 흘러 흘러
강물이 되어 바다가 되고

바위들이 모여 모여
산이 되듯

사람들이 모여 모여
마을을 이루고
마을이 모여 모여
나라 되고

나라들이 모여
세계를 이루네

슬픔이란

아파 본 사람은 안다.
이 세상 부귀영화도
건강할 때의 꿈이요.
욕망이라는 것을...

젊은 날엔
꿈을 이루어 보겠다고
온갖 힘을 모아 살았지만
힘든 노년이 찾아와
꿈을 이룬 것보다
아파서 병원 신세 지는
억울함을 안고
세상 떠날 날만
기다려야 하는
인간 세상사가
맘 슬프게 한다.

세월은 간다

살아 있으나 죽은 자 같고
죽었으나 살아 있는 자.

가는 세월 잡을 수 없고
오는 세월 막을 수 없구나.

가는 사람 잡을 수 없고
오는 사람 막을 수 없구나.

자라지 않는 아이

아직도 내 안엔
자라지 않는 아이가
자리 잡고 앉아
나를 움직이는 것 같다.

아기들은 아프고 나면
재주가 하나씩 늘어가고
늙은이들은
아플 때마다
늙어 간다.

가을비

비가 내린다.
길 위에 떨어져 쌓여가는
낙엽들이 처절하게
짓이겨지는
낙엽.
푸르름으로 찬란했던
아름다웠던 날들은
어디로 갔나.

어찌 된 사람일까?

폭포처럼 쏟아져 내리는
빗줄기를 바라보면서
나는 목이 마르다.

잔칫집 뷔페를 보면서도
나는 배가 고프다.
수많은 군중의 환호 속에서도
나는 외롭다.
나는 어찌 된 사람일까?

여름

매미 한 마리가
방충망에 붙어
그 만의 휴식을 취하고 있다.

밤낮으로 울어대던
피곤함 때문일까?

한 계절을 살기 위해
애끓는 울음을 울어대는
매미의 열정을
사람인 우리가
어찌 알 수 있으리오.

봄비 내리는 아침

이른 아침
조금은 헐렁해진 전철 안
출근길 아가씨가 출구 쪽에서
훌쩍이는 모습이 보였다.
나는 내려야겠기에 다가가
휴지를 건네주며 조용히
손을 잡아 주었다.
고맙습니다. 눈물 젖은 그
얼굴이 안쓰러워
손을 잡아 주며
"무슨 일인지 모르겠지만
잘 이겨내야 해요"
잡은 손을 도닥여 주고
전철에서 내렸다.
봄비가 내리는 아침이다.

장 영 생

시인
충남 예산 출생
제20회 국제문학 신인작가상 시당선
서울공업고등학교, 한국방송통신대학교 졸업
(전)조선일보 부국장대우 윤전부장
저서 : 시집 『텃밭』
E - mail : hoho5118@hanmail.net

봄의 시작

소리도 없이 다가온
봄볕이
손을 내미니
샛강 둔치는
신나는 봄의 잔치
산수유가 눈을 뜨니
개나리가 따라 하고
목련꽃도
벚꽃도
앞다투며
봄을 잇는다
시샘이 없고
욕심도 없는 봄볕
우리 모두 봄볕이 되어
꽃동산에 오르자

봄 스케치

오는 걸음이
멈출리는 없겠지만
기다리는 마음이
조급해지고
그리고
궁금해질 때
샛강 둔치를 걷는다
갓 부화된 참새 떼가
악당이라도 만난 듯
야단을 떨고
샛강의 장자 산수유는
수줍게 웃고 있다
봄이 오는 길의 불청객
사늘한 바람이
양 볼에
불그스레한 꽃을 피운다

첫사랑

너 없이
못 살 거라며
모든 것 바치겠다는 고백이
입에 달리고
세상 어떤 것보다
너 하나로 만족한다고
날마다 밤마다 다짐하였지
그럴듯한 묘수도 없이
하늘의 별을 따다 준다고
큰소리친 허풍은
어디로 갔을까
뜨거우면서
순하게 부딪친 몸부림
이제는
먼 곳에서
홀로 식었으리라
멀어진 듯
끊어진 듯
하지만
여전한 그리움이다

부부 4

한 이불 속에서
살을 맞대면
외롭게 이겨낸
하루의 짐도
스르르 녹는다
일상으로 부딪친
작은 다툼에
굳어지려는 마음도
허물어지지만
느슨해진 몸이
겨우 잠이 들 때
먼저 잠든 이의 한마디
코 좀 골지 말라고

노년의 봄날

빠른 걸음으로
보이지만
빨리 가려는
몸짓이 아니다
걸음마를
처음 배운 아이처럼
넘어지지 않으려
발을 빠르게 떼는 것
아이를 닮아가지만
걸을 수 있어서
봄날이다

놀이

아이들은
괜한 것으로
싸우며 놀고
어른들은
아닌 것으로
다투며 놀고
부부는
싫은 것으로
겨루며 논다

씁쓸한 차이

불 위에서
오그라든 오징어는
누군가의 즐거움이고
시간 위에서
오그라든 우리는
그저
흙으로 되돌아간다

인연 13

새 인연 만들기는
남사스럽고
묵은 인연 살리기는
새삼스럽고
이제는
고우나 미우나
가까이 있는 인연
소중히 여길 때

삶의 꽃

이르게 피었다고
자랑하지 말고
더디게 핀다고
실망하지 마라
이른 꽃이나
더딘 꽃이나
시들고
지는 날은
정해져 있으니
때와 시를
주관하는
주인의 뜻만
순종하면 되는 것을

어둡고 긴 터널에서

하고 싶은 말과
할 말은 많으나
입이 열리지 않는다
맑은 날이 길어
궂은날을 잊은 걸까
잔잔한 강이어서
세찬 폭풍이 의외였을까
업이 업을 낳고
업에 업을 쌓고
오죽하면
오죽하면 그랬을까
얽히고설키면서
그늘을 만들어 주는
등나무꽃
오늘따라 유난히
그윽한 향기를 뿜는다

손 영 규

시인, 목사, 의사
호: 혜민(惠民) 의학박사, 목회학박사
계간 국제문학 제22회 신인작가상 운문부문 시 당선
경희대학교 의과대학 및 총신대학교 외래교수,
아세아연합신학대학원 및 건양대학교대학원 치유선교학과 교수로
활동하다.
북경은혜교회 담임목사, 중국 선교사로 사역하다.
현재, 고향 경주에서 소망이비인후과의원 및 소망힐링센터를
운영하며, 경주시기독의사회 지도목사, 새교회 리더목사,
그리고 국제문학 경주지사장으로 섬기고 있다.

풍경 소리

흐르는 세월의 강물
박차고 뛰쳐 올라
청풍淸風에
유유히 하늘 나는
비천어飛天魚

그 수려한
유영遊泳의 자취에
맴도는
청음淸音

해묵은 귀를 씻다

복수초

겨울 참고 견뎌 온
우리 집 앞마당에
불쑥
얼굴 내민 너

햇빛 한 모금 머금은
함박웃음

봄으로 왔나 보다
복福 가득 안고

2020의 봄

지난해 1월
내 생일에 피었던 동백꽃
올해는 꽃망울만 오롯이
머금고 있더니

3월 다 가는 길목
목련꽃 한 잎 두 잎
져가는 오후
올봄이 이토록
아파서인지
동백꽃 피를 토하듯
피어나고 있다

소나무 가지 사이
낮달이 걸려 아파하고
벚꽃 꽃비로
울고 있는
봄날

동백

한잎 두잎 흩날리는
벚꽃비 속
동백
미련 없이 온몸 던져
지누나

이리 피고 그리 질 것을
어이 그리 견뎠을까
가지 끝에 이는
그 삭풍을

아! 그대!
그렇게 왔다
이렇게 가누나

연밭에 이는 바람

비가 그친 오후
연밭에 오니 바람이 분다

바람결에
진흙밭 가리고 선 연잎들
춤을 춘다
연잎 위에 고인 물방울들
은구슬 되어 함께 춤을 춘다

바람이 이는 오후 연밭에 서면
마음에 쌓인 걱정 근심
물방울 구슬같이 구르다
그 바람결에 날아가고
활짝 열린 가슴으로 맞이하는
연꽃의 환희

청둥오리 한 쌍
꽃그늘에 얼굴을 가린다

내 사랑

가을
숲속
빨간
점
하나
찍다

나무

엄동설한 삭풍朔風 속
서 있는 나목裸木
그때만 참고
견디는 줄 알았다

만물이 생동하는 춘풍春風 속
잎 내고, 꽃 피우는 신록新綠
그때는 새들과 함께
노래하는 줄만 알았다

작열하는 햇볕 아래
짙은 그늘 드리운 녹음綠陰
그때는 하늘로 솟아오르고픈
열망熱望으로
우뚝 서 있는 줄만 알았다

울긋불긋 단풍 지고
갖가지 과일들 익어가는 과목果木
그때는 농부들 풍년가 속
회심의 미소로
우쭐거리는 줄만 알았다

어느 곳에 어떻게 서 있는
나무이던
어느 땐들 그렇게
힘겹게 견디고 있는 줄
나만 모르고 있었던가!

동짓날

윗시장 먹자골목
팥죽 한 그릇 먹고
찹쌀 도너츠, 꽈배기 사서
진한 커피 한 잔 시켜 들고
신라新羅 왕릉王陵 앞 벤치에 앉았다

우리네 삶이란 꼬인 꽈배기인가
동그란 찹쌀 도너츠인가
그리고 쓴 커피인가

신라 왕은 팥죽에 담긴 새알을
그리 많이 먹어
동산 같은 왕릉에 이렇게 누웠을까

동짓날 하늘 흐린데
왕릉 위에 솟은
나무 가지 사이
새 소리 들리다

회향回鄉

오랜 기다림을 먹고 자라는가
다시 오겠지 하며 떠나 지나온 날들 속에
너는 언제나 그곳에 그대로 있을 것이라는
기대를 안고 살았지

십 년이면 강산도 변한다는 옛말이
헛말이 아님은
사십오 년 세월 흐른 너의 모습 보며
타향인 같이 어설퍼지는
내 마음 보고 비로소 알게 되었지

내 자라난 집, 뛰어다니던 골목, 신작로
오로지 희미한 기억의 한 끝자락을
붙잡고 맴돌고 있다

한줄기 겨울바람이
잔뜩 움크린 내 가슴에
나그네 설움같이 파고든다.

당신의 은혜

나를 따라 오라신
당신의 말씀에
인생을 걸고
살아온 세월

여름 지나
깊은 가을
겨울 길목

불쌍히 여기시고
은혜 베푸시사
여기까지 오게 하심
감사 감사

김 영 중

시인, 목사
아호 : 해남(海南)
제17회 국제문학신인작가상 시 당선
성결대학교, 장로회신학대학교신학대학원
단국대학교대학원, 국제문학문인협회 회원
충주구치소 교정위원
(현)제자중앙교회 담임목사
E-mail : pmyjkk@hanmail.net

하얀 겨울 첫 손님

하얀 겨울 손님
겨울을 알리는 첫 손님
눈이 부실 정도로
하얀 꽃가루를 뿌리며 찾아왔다.

앞마당 그리고 장독대는
하얀 성루가 되어
제 모습에 반했는지
하얗고 환한 미소가 멈추질 않는다.

뒷동산엔
하얀 꽃송이 장관이고
그 흰 눈 내려앉은
나뭇가지 위에 앉았던
겨울새 한 마리
겨울 손님 환영하느라
주위를 맴돌다 앞산으로 날아간다.

가을이별 했나 살피던 차에
이른 아침 겨울 첫손님은
그렇게 소리 없이 오더니
가슴에 선명히 한마디를 남기고서 잠시 떠난다.

이제 막 시작인데 그 순백의 사랑이
어디 식어질 것 같은가 말이다.

하늘이 손에 닿는 곳

대관령 옛길 따라
아흔 아홉 고개를
구비도니
도착되어진 그 곳

파아란 하늘이 손으로 만져지고
가슴엔 가을 향 짙게 드리워지는
양떼목장.

눈이 시립던
쪽빛하늘을 바라보니
스산한 바람에
가슴마저 시려오는
그 양떼목장에서
노니는 양떼들....

산등성 따라
하늘 바닷길에 열리고

그 아래에서는

꿈,
사랑,
행복한 미소가 끝이 없다.

하늘이 손에 닿는
양떼 목장길

사랑하는 사람들이
추억담을 쌓더니
기어코 사진첩이 되었다.

차가운 겨울 빛깔

차가운 겨울 빛깔
가슴에 드리워지고

결코 환하지 않는
겨울 달빛은
아직 오지 않은
이른 봄을 기다리고 있다.

겨울사연 지워지기 전
하얀 세상을 꿈꾸는 건
비단 나뿐이겠는가?

거리엔 벌거벗은 채
외로이 밤에 기대어
서있는 나목

길 떠난 님 기다리나
바람이 일 때마다

고개를 내민다.

고개 그리고
어깨 틈사이로 끼어든
때 이른 소식

지금은 차가우니
얼마 후엔 님 가셨던 길
그 길 따라 봄이 온다고
환한 미소로 소식을 전해온다.

이 봄이 가기 전

이 봄이 가기 전
나는 충주호를 병풍삼고
남산 자락을 오르고 싶었다.

뜨거운 태양빛 아래의 연록의 잎새
손 흔들며 환영하는 종댕이길
모퉁이를 돌아설 즈음 만난
충주호의 푸른 강물이 손에 잡힐 듯
그 모습이 늘 가슴에 남아 그립다.

그 예전 어느 봄날
사월의 벚꽃 축제길 따라 거닐었던
아름다웠던 그 옛길
이젠 종적을 감춰버렸으니
세월 탓인가
나이 탓인가
물어도 명쾌한 대답이 없다.

아무도 없는 호젓한 그 길
홀로이 걷고 싶은 그 충동
그 행복을 결코 숨길 수가 없다.

그래도 이 봄 다 가기 전
그 길을 다시 걷고 싶으니
필시 가는 세월이 아쉬움인가
아니면 붙들고 싶은 삶의 조각들이
널브러져 있기 때문일까?

이 봄 가기 전 그 아름다운
옛 추억들을 되살리고 싶음이
어디 나 뿐이겠는가?

미동 없는 탄금호 여름강물

미동 없는 탄금호 여름강물
무엇을 말 하려는가
한 마리의 물새 없이 외로이 흐른다.

차가움은 희망일까
작렬하는 태양빛
덥혀진 대지
흐느적거리는 아스팔트 포도

촌로들의 굵은 땀방울
과원지기들의 바쁜 손놀림
떠나가는 여름 아쉬워 울어대는 매미울음
때 이른 잠자리 비행
문 앞쪽 아름답게 수를 놓은 코스모스

외로움이 사치가 된 여름인생들
저만치에서 천천히 다가오는 손님
눈 크게 뜨고 쳐다보니 가을이라네.

독도 초상

검푸른 파도를 가르며
독도를 항해하는
애국호 시스타1호

거세진 파도에도
아랑곳 하지 않고
수백 명 실은 애국호는
질주를 멈추지 않았다.

애국심엔 풍랑도 이기지 못하여
입도한 독도
태극기 만발하고
잠시 동안 병사들과 사진촬영
사람내음에 취할 틈도 없이
뱃고동은 울어대니
모두들은 약속한 듯 승선한다.

황급한 발걸음 속에
선뜻 뇌리에 스치는 생각
아직도 침략자 오랑캐
그 묵은 때를 벗겨내지 못했단 말인가?

내 어머니의 사랑가입니다

노오란 개나리 꽃 길 위
하얀 벗 꽃 웃음이 그치지 않아
최고의 행복이었습니다.

깊게 패인 어머니의 주름 골
함박웃음이 메우고

지나온 세월만큼이나
쌓여진 생의 무게를 날려버리려는
봄바람에 마음을 싣습니다.

오랜만에 맞는 상춘의 여정
어머니의 미소 닮은 봄꽃은
가슴에 들려오는 노래가 되었습니다.

나지막한 산 능선 따라 붉은 진달래
내 어머니 자줏빛 옷고름 닮은 듯
고운 자태 빛깔은 여전합니다.

앞마당에 피어나는 금낭화
내 어머니 주머니 닮아
자식위해 열어 놓고 또 열어 놓았습니다.

봄 하늘은 내 어머니의 품
봄꽃은 내 어머니 미소
봄 향기는 자식위한 내 어머니 사랑
봄비는 자식위해 기도 쉬지 않는 내 어머니의 눈물
봄 햇살은 자식위한 내 어머니의 영양식
봄바람은 자식위한 내 어머니의 사랑가입니다.

그 사랑이 어디 변하겠습니까?

바스락거리는 가을낙엽
내 어머니의 탁한 목소리와
닮은꼴입니다.

계절이 가을이든지
낙엽 떨어져 앙상한 가지일지라도
시간이 흐르고 흘러
하루가 더 간다 할지라도
상관이 없습니다.

그저 사랑하는 아들과
함께라면 어디든지
어떤 시간이든지
어떠한 상황이든지
문제가 되지 않습니다.

마냥 행복해 하시는
어머니와의 시간들은

늦가을 낙엽만큼이나
행복두께가 두텁게 쌓였습니다.

장롱 속에 쌓아둔 두툼한 옷
꺼낼 겨를 없이
편한 옷 걸치고 차에 오르신
나의 어머니에게는
여동생의 잔소리가
전혀 문제 되지 않습니다.

가을 낙엽 나부끼는 동산
지나온 어머니의 삶이
조각되어 지워지지 않습니다.

밤이 되어 세차진 바람
지나온 어머니의 사랑과 희생
또렷이 가슴에 새겨져
지워지지 않으니
그 사랑이 어디 변하겠습니까?

가을은 그렇게 농익어 가고 있다

한 낮의 가을 햇살
온 들판에 쏟아지고
풍요로운 가을 대지는
따뜻한 미소로 답을 하니
온통 황금색 빛깔이다.

높다란 가을 하늘
그 자태를 잘 알고 있지만
쪽빛하늘에 바닷길 내었고
땅에서는 너무 아름다워
꺾을 수도 차마 만질 수 없는
가을꽃들이 춤을 추고 있다.

가을바람이 분다.
성급한 가을낙엽 대지위에 드러누웠고
그 낙엽 따라 이르는 곳
사랑과 우정, 그리고 옛 추억들만이
자유로이 노닐고 있다.

바람이 잠시 멈출 즈음
석양의 황혼 유리창에 부딪쳐
가슴으로 꽉 들어찬다.

어느새 가을 남자 가슴에
짙게 드리워진 가을풍경화는
쉬이 지워지지도
그렇다고 지울 수도 없으니
가을은 그렇게 농익어 가고 있다.

가을 사람, 가을 이야기

이른 시각의 가을 아침
그 바람결에 가을이 인사하고서
저 만치 앞산으로 물러간다.

가슴에 안긴 가을은
진한 여운을 남기고서 두리번거리기를 반복한다.

아침 공기가 참 신선하다 느낄 즈음에
지난여름 추억은 겹겹이 사진첩에 쌓였다.

이미 와버린 가을 손님은
자리를 잡고 앉아 하는 말
더 이상 손님이 아니라 이젠 함께 지낼
동무라 말을 한다.

가을사람들은 기다리고 있다.

그렇게 짙었던 녹음방초가
색동옷 갈아입고서 창공을 비행하다
이내 바닥에 드러누울 가을 낙엽을 말이다.

사람들의 발걸음에 바스락대다가
차가워진 바람에 몸을 부비는
그 낙엽의 나뭇가지엔 숱한 사연들이 걸려있다.

오늘처럼 가을아침 갈바람에
수많은 가슴 설렘의 이야기들
우리는 그것을 "가을 사람 가을 이야기"라 말들을 한다.

박 완 교

시인, 수필가
제15회 국제문학신인작가상 수필당선
제5회 국제문학 우수작품상 수상
2024(서산시와 함께 걷는 길)공모전 최우수상 수상
2024 제5회 동심문학 디카시 공모전 신인문학상 수상
서산시인협회 회원
국제문학문인협회 회원
국제문학 서산지사장
지곡문학회 회원

낙엽

이제 너에게 줄 것도 없고
붙잡을 힘도 없구나
온 몸이 붉게 멍들어 가는 고통이 있을지라도
참았다 가거라.
여태껏 살았던 것만으로도 행복했었다 하자
슬퍼하지 말아라 네가 가을을 만들어 주었잖니
멀리 가지 말아라
내 뿌리 위에 편하게 머물다가
네가 있었던 그 자리에 봄을 만들어 주어라

오일장

배차 사유 우리 밭에서 직접 키운거 그림께루 어여덜 사유
할무니 쬐끔 더 줘유
흥정은 없는 듯 하고 인심이 넘치는 장터다

하늘 천막아래 김이 모락모락 머리 풀고 오른다
잔치 국수 간판은 천막에 메달려 그네를 탄다.
가정 양념에 묵은지 송송 쓸어 고명으로 올려놓고 깨소금 떨어트렸다
타인과 합석해도 정겹고 의자 없이 먹어도 맛나다
죄 지은 것 없으니
보든지 말던지 그렇게 별미로 배 채우고
국수 값 소쿠리에 넣으며
딸인지 며누리 인지 어때 유 맛있쥬 말허문 뭐해유

터덜 걸음 기웃기웃 가격들은 귀 도독으로 훔친다
이짝저짝 촌촌히 다둘어 댕거와두 냉겨 있겠쥬

하굣길

오솔길 길섶마다 맺힌 아침 이슬
무릎 흔뻑 젖는다 신장로 걷다 보면 어느 새 포송포송
하굣길 등선 넘어 동무네 가는 지름길은 등산로 길

배 깔고 엎드려 동무와 문단 나누기 국어 숙제 마치고
집으로 가는 길 양지 바른 묘지에 장끼가 날아알 숨기려
뜀박질 한곳은 겨우 요 앞 소나무 사이
떡갈잎 흔들흔들 거린다

솔잎은 낱낱이 바늘이고 진달래 꽃봉오리는 분홍색
몽당 크레용이다

게딱지 초가 우리 집도 굴뚝에 저녁밥 보리 삶는 연기가 머리 푼다

詩人이 될 때까지

 언제부터였을까 가믈가믈 알 수는 없지만
어느새 너의 곁에 있었다

네가 있는 그곳에 가면 느으을 너에게 지갑이 털린다.
앉은뱅이책상 낮잠 즐기는 너를 깨운다
사랑 주고픈 이 밤 너의 곁으로 다가 머문다

<저 큰 산이 숨는 날에도>시집은 꼬깔 불빛아래 탈색 되는데
안을 만만큼 나의 시는 시시하여 너의 가슴속에
언제 쯤 네가 되여 머물까

지갑 탈탈 털려도 네가 있는 그 곳으로 발길 옮길까 한다
네가 내 이름 불러 줄 때까지

아직도 어린데 떠나려 하느냐

개여울 졸 졸 졸 색경이로다.

너무너무 어린데 안스럽구나 제발 내려가지 말아라

너무 애잔하구나 가지마라 막을 수도 없구나

오염된 그들과 어울릴까 돌미나리 걱정거리 생겼다

시냇물 정도만 되어도 마음 놓겠는데

제발 기다렸다 우기에 올망졸망 어울려 떠나가라

흐르기 위해 태여 났지만

잠시나마 호수에 머물면 돌 틈 사이 요리조리

내려올 때 불렀을 노래를

보름달 과 마실

보름달과 마실 가는 날
모이자는 연락 없어도 달님이 한집으로 모여 놓았습니다
앞서 나가나 뒤처져 나가나 결국 갈 길 찾아가는 것을
봄볕처럼 꾸물대지도 한여름 흰 구름처럼 아롱대지 않을 것입니다
뉘 집인지 알 수는 없지만 구석구석 비추며 넘어 갑니다
싸립문 하나 더 만들어 놓으니 삽살개 할금할금 싸립문 핥고
처마 끝 찾은 참새 푸드득 자리 잡고
깊은 밤 저 멀리 별들은
마실 다녀가는 큰 키 작은 키 교교한 그림자
내려 보며 까닭 모를 슬픔 앓습니다.

이곳이 천국이라고요

창가에 흘려 드는 풀내음
봄날에 흙의 움직임 보이나요

유리창에 빗물이 미끄름 타는
작은 소리 아름답게 들려요

별 밤 책상 위에 달빛 그림자 있고요
풀벌레 소리 창틀 빼콤 밀어 소리 높여 듣고 있어요

커피 한 잔의 여유

눈은 내리고 음악은 흘러요
난로는 겨울밤 태우고요

천국을 앞에 놓고 찾고 있나요
그런 사람 천국 못가요

그곳에는

그곳에서 시 한 편 따왔습니다
입으로 불고 소매로 닦았습니다
서랍장에 넣을까 문갑 장에 넣을까
보이는 곳에 붙여 놓기로 했습니다
생각나면 읽어보고 보고픔에 읽어 보렵니다

그곳에 4월이 오면 들꽃이 만발하고
그 향기 눈으로 보입니다
쓰러진 소나무 거상에 앉자 있으면
요 앞 바닷가는 들물에 적막과 고요
파도 소리로 마을을 깨웁니다
썰물에는 적막과 고요 갯벌에 묻히는 그곳 보입니다

4월이 오면 중앙리 길 벚꽃 내려다보이는 그곳에는
시가 열린답니다. 시 한 편 따올까 하여
잠시 머물까 합니다
해무가 전해준 갯벌의 내음 꽃향기에 묻어옵니다

머루

햇살 부스는 바람
상처투성이 벽돌담

방울방울 붙여서 송이 만들어 놓았군아
안두란 너의 넝쿨은 소슬바람에 실려

여인네 속옷 벗는 소리 들려주고
한 알 한 알은 숫처녀 젖꼭지이고 송이는
살찐 젖가슴처럼 탐스럽고 부드럽군아

열거름 바깥 가르마 논둑은 육십의 여인네 몸매를
간재미 눈으로 각선미 도둑질 한다.

굶주린 생각은 어쩌구 저쩌구 개똥철학
잔으로 가득 마신다.

붕어 낚시

갈대 서걱서걱 갈바람 소리
귀전에 머물고
물 닭은 잔잔한 물위에 파문 만들며 갈대 숲 드나든다

낚시 줄 닻 내린지 한겻이 흘러도
찌는 말뚝이고 건들마는
살품사이 살포시 들어와 더듬는다

미동 없는 찌 너즈넉이 바라보니 선웃음 나온다
붕어는 나아알 조소했으니
오늘 낚시는 너와나 엇셈이다

해 걸음 바라보며
낚싯대 접어 볼까
한다.

박 진 희

시인
아호 : 지암(池岩)
제15회 국제문학신인작가상 시 당선
1960년 서산시 연화리 출생(60.12.28.일생)
1975년 지곡재건중학교 졸업
농업인 후계자, 연화리 새마을 지도자 역임
서일중학교 운영위원장 역임
충남한우협동조합 이사(현), 전국한우협회 서산지부장(현)
지곡문학회 창립회원
주소: 충남 서산시 지곡면 연화길 37-38.

아내는 울타리

당신은 바람 부는 언덕 위에서
샛바람 막아주는 울타리가 되었지요
속절없이 흘러간 세월 앞에서
거울을 바라보는 그대 모습은
푸르른 숲 색동옷 갈아입듯이 변하고
순간순간 가진 것을 즐거워하며
행복을 가득 채워준 커다란 그릇
바늘에 실 가듯이 서로 기대며
돌처럼 무거운 짐 덜어주면서
솜털처럼 가볍게 만들어 주던 그대
앞으로는 느릿느릿 쉬엄쉬엄
굼떠 있는 봄 햇살처럼
행복을 가득 실은 수레바퀴
굴러가는 모습
오늘도 둘이서 바라본다.

함께 걸어온 길

어우렁 더우렁
이래도 흥 저래도 흥 함께 걸어오면서
한기가 느껴 질 때면 온기를 맞대며
살아 왔지요
그리고 소중한 내일을 향하여
인생에 밑그림도 함께 그렸지요
지난날 마음속에 숨어있던 크고 작은 아쉬움
오늘도 짐이 되어 그림자처럼 따라 옵니다
무거운 마음 빨리 내려 놔야지
서로를 이해하고 배려하면서
위로하는 마음 깊이 간직하고
우리 모두 손에 손을 잡고
안보면
보고 싶은
영원한 사람이 되기를

아카시아꽃

안산 등성백이 마루에 양팔 벌리고
밤이슬에 젖은 꽃잎 몸 마를 새 없구나
은은한 꽃향기 한줌 움켜쥐고
코끝에 다가 올 때면
연한 날개 짓 하면서 마실 오듯
찾아온 벌 나비
향기에 목이 마른 듯이
허기진 아기처럼 꽃 가슴 파고든
성화 부리던 봄바람도 오늘은
잠시 쉬어 가듯이
잔가락 한숨 내쉬네
우윳빛 누르스름한 금빛 하얀 아카시아 꽃
아름다운 자연에 꽃향기 뿌리면서
쓸쓸히 낙엽 되어 외로운 길 떠나네
앙상하게 야위어진 몸으로
하얀 눈 내리는 날
더 예쁜 꽃 선사 하겠노라고

어머니 인생

여유롭고 넉넉함은 하나도 없으련만
한 토막의 짧은 세월이 지나가면서
계절 따라 어머니 모습
하나둘씩 서러움으로 다가온다
옹구루시 낙엽 진 뜰 안에 돌감나무처럼
쓸쓸하고 애절한 마음 가슴속에
묻어두면서
새벽하늘 창문 틈새 별님 찾아오면
흙을 벗 삼아 땅거미 뜨개질 보채면서
따라 올 때까지
일백 년을 하루 같이 살아온 시간들
지금은 한 치에 짧은 시간 속에서
또 하루가 지워져 가네요
봄비에 호줄근이 젖은 옷 입으시고
마른 적 하나 없던 어머니 손등에는
빠알간 장미꽃 피고 진 자욱처럼
가엽고 외롭고 쓸쓸합니다

그리운 친구

강물이 순리를 찾아 흐르듯이
인생도 계절 따라 소리 없이 흐르네
기쁨과 슬픔을 함께 나누던 어릴 적 친구 모습
오늘밤도 선하게 떠오른다
멀리 떠나 있으면 그립구
가까이 있을 때면 미더웠건만
텅 빈 고향에 홀로 있는 외로움 달래주기에는
너무 저무러 지나간 늦은 시간이련만
이정표 하나도 없는 길 따라
손잡고 걸어가면서
우리들의 정해진 꽃피울 시간들을
행여나 꿈과 희망을 가져본다
명년 돌아오는 겨울
저 고개 너머 고향 마루에
하얀 눈꽃 피워 찾아오거든
순수함이 가득하던 사랑방에서
동심의 세계로 떠나보자 구요.

소의 일기

오늘은 이월 초하루 머슴의 날이다
아직도 하얀 찬 서릿발은
기지개를 멈추지 못하고
해님 오기만을 마중 나와 기다린다
동이 터 오를 무렵
광주리처럼 커다란 눈
휘둥그레 쳐다보면서 밀뚜레처럼 무겁고
집채만 한 몸둥아리
몇 번이고 구르며 일어선다
밤새 참았다 내쉬는 한숨소리는
이제서야 내 가슴 쓰러 내리며
밤새 위안의 편지를 받아본다
오늘도 멀뚱이는 너희들 모습을
바라보면서
오늘 하루도 모두의 무탈을 빌며
반짝이는 아침 해를 맞이한다

멍석 위에 피는 꽃

솜털 같은 갓 여린 초록아
모진 비바람에 할퀴고 베어진 상처
채 아물지도 못했는데
파아란 긴 터울에 시간을 삭히며
조용한 여름밤 달빛 이슬 머금어본다
한껏 정갈한 모습으로 엎어지면 코 닿을 곳
초록빛 언덕위에 빠알간
오두막집을 지었구나
더 이상 줄 것이 없으면서 다가오는 처서도
귀뚜라미 울음소리도
창문 너머로 살며시 훔쳐 들어온다
짚 멍석 넓게 펼쳐놓은 풍성한 앞마당에
아무런 바램 없이
자주색 빠알간 꽃 화사하게 피었구나

누렁이 남매(송아지)

살랑살랑 꼬리치며 엄마 따라 일백여 일
새벽부터 슬퍼지는 가을하늘도
온갖 사랑 감싸안아 주고
꼬옥 잡았던 엄마 손 놓으며 이별하던 날
누렁이 남매 하염없이 음매 음매 통곡할 때
아는지 모르는지 어미 소 눈가에도

슬픔의 눈물이 흐른다
모진 어미 마음속 사람과 뭐가 다르던가
오늘 저녁 땅거미도 얼추얼추 다가오건만
두둥실 흰구름 따라 멀리 떠난
엄마의 모습은 돌아올 줄 모르고
내일일까 모레일까 목메어 기다리는
누렁이의 애타는 슬픈 눈물
지금도 하염없이 그칠 줄 모르네.

애기 송아지

쟁반같이 둥근 보름달 환하게
지암골 비춰 주던 날
간밤에 쌍둥이 남매
애기 송아지가 태어났어요.
세상을 처음 보는 순간

부끄러운지 추워서인지 벌벌 떨면서
엄마 젖 찾아 애걸하네요
초롱초롱한 눈망울
그리고 쫑긋한 귀방울은
멀뚱멀뚱 처다보는 엄마 꼭 닮았지요
꿀꺽꿀꺽 샘물 솟아오르듯이
엄마 젖 먹는 모습 보면서
경사 났네! 경사 났네! 애기 송아지 아
무럭무럭 자라서
먼 훗날 우리아들 장가가면
살림 밑천 되어주길

산골 다랭이

종달새 높이 날아 지저귀는 산골 다랭이
윗두렁 언덕 밑에
넹기유~ 넘어가유 ~ 모내기 줄넘기는
메아리 소리 들린다
나절 한참 지나갈 무렵이면
다랭이 어느덧 파아랗게 짙어간다
한사리 두사리 지나갈 때가 되면
얼카덩어리 어하쏠미 장구치며
아시벌 도사리 정겹구나
석달 보름 열흘 닷새 지나면
어느새 황금빛 들녘은
한 폭의 그림처럼 다가온다
지게 장단 흥얼거리며 부르던
노래소리 들리고
앞마당 한가운데 노적누리 산더미처럼
쌓여간다
한머꾸리, 두머꾸리 뒤주에 가득채우면
겹바지 허리띠 풀어놓고
세상 부러울 것 하나 없네.

김 진 환

시인
아호 : 휘암(輝巖)
서울대학교공대대학원
제26회 국제문학신인작가상 시 당선
전) 삼성항공기술연구소 근무
전)삼성전관 생산기계 해외설비과장
전) 주)한국엔지니어링 대표이사
전)전국지체장애인협회운영위원
전) 국회의원 황우여(전 교육부총리)자문위원
현) 주) 한국 산업기계 PCL 대표

연 인

하늘을
이고 누운
늘솔길
마른 땅에
봄비 오던 날

그린 듯
날아 온
홀씨 하나
노란색
제비꽃 피웠고

빈 가슴
나린 씨
꽃바람 속에
우리 연모
참다솜 맺었다.

봄 가뭄 그리고 갈증

싸리꽃에 매달려서
시소 타던 이슬의 방울들
일부러 놀래 말갛게 구르게 해도

계획 없던 발길 늘어
안개터널 끝내 걷고 나와
축축한 옷소매 털어 내고 앉아도

자꾸만 갈증납니다
전날 까칠한 언어 뱉고서
마른 혀를 숨긴 입속이라 그럴까

바빠 잊게 되던 것
삶이 이렇지 모두 그럴 껄
그러다가 이리 갈증 나게 그립죠.

봄비 그리고 소갈

담담한 관목숲 아래
은밀한 추위 꼼꼼히 지운,
덤불들이 잡다가 놓친 바람들과

들꽃 사이 요리조리
비뉴턴 화수분에 눈 맞추며
향기를 탐하다 호발벌에 쫓기고

냇물을 건너 온 봄비
논배미 독새풀 춤결이 고와
안산 어귀의 계란꽃 함께 젖었던...

고마워요 감사해요
요즈음 잦은 갈증을 소갈한
봄비의 소상한 이름이 또 향수라.

유혹 (취중몽)

봄의 기운이
언덕을 오르고 있던 날
난 창밖의 너를 보며
마른 입술로 술잔을 비웠고

널... 꼬실 께
천천히 그리고 뜨겁게
꼭, 꼬실 꺼야
귀여운 봉오리 넌 날 봤었지

봄빛 채도가
산천에 고운 오늘은
쪼르륵... 쪼르륵...
따르는 반주 즐겨 하였더니
붉은 불꽃이 터진다

저어기... 꿀꺽!
너... 이런다고?

짜릿하게 풍겨오는 유혹의 향기
깔끔하고 산뜻하게 감싸는 체취

취하지... 마
붉은 입술로 웃는 장미
위로에 대해 뭘 좀 아는
넌 서술이 신비롭고 구체적이다.

그리움

청보리 밭이랑에
종달새 둥지처럼 옹색한
가슴속 그리움의 웅덩이가 있다

개구리 우는 비오는 밤
웅덩이의 그리움은
넘치고 흘러 흘러 개울이 되고

통한의 봄 여울턱
흐노니 제비꽃을
도담도담 씻기고 있다

개울에 하얀 눈 내리고
세상 은빛 얼음꽃 필 때까지
베개닢 눈물이 마르지 않을텐데,

옹색한 웅덩이는
가득 가득 먹구름을 안고도
천둥소리로 울어 낼 줄도 모른다.

소낙비 개인 오후

아침나절 내내
텃밭 넘어 개울가 미루나무
개구마리 울어대는 날에는
한바탕 소낙비가 씻어 내렸다

황톳물 쓸고 간 도랑가엔
한 무더기 채송화가 꽃을 피우고
물고 튼 논두렁 주위로
드렁콩이 한 뼘씩 쑤욱 자라났었다

굵은 빗줄기가
처마끝 함석 차양을 때리면
들판의 벼포기처럼 풍성한
자진모리 휘모리 장고 변주가 되고
호박넝쿨 아래서 맹꽁이가 추임새 넣던 곳

굳은살 박힌 앞마당엔
하늘에서 미꾸라지 떨어지고
뒤란 청포도 잎사귀 아래
청개구리가 비를 피하던 그곳이 선하다

쩡하게 마른
소낙비 개인 오후...

고향집 가마솥에 쪄낸
포슬포슬 하지 감자 맛이 그립다

한바탕 씻긴 후엔
산천이 또 쑥쑥 푸르고
고슬고슬 말라가는 고향땅이 그립다

가을 산책

연안 뱃길
은가비 윤슬
사나래 펼치고

포롱 파니
고추잠자리
수실에 내리네...

꽃잠 지낸
가시버시들
이내의 그루잠

그보다 더
달보드레한
멋진 가을까지

하야로비
옛 살비 잊고
텃새인양 살듯

단풍 물든
나의 한사람
고맙고도 곱다.

가을을 타는 날들

마른 보릿대
마디 타는 소리에
타닥 타닥
군불의 가을밤 깊어 가고

함부로 부는
처마 내림 바람에
공이 잃은 풍경
가량없이 심난 해 하는데

달빛을 성긴
참죽나무 삭정이
솥적유 솥적유
붉은 소쩍새 홀로이 우네

부엌 시렁에
잘 우린 연시처럼

사뭇 탐나는
님의 맘 아직도 이리 멀어

말라 닫힌 입술
눈물로 촉촉이 여는
나의 기도는
마른배미 바닥을 헤매는데

청록의 숲에서
온 산을 붉게 울던
여름 외톨박이
뻐꾸기는 응답을 찾았을까?

멀미가 나도록
서리 맞은 처연히
부르는 비가에
젖몽울 몸살 같은 가을 타며

까치밥 닮은 나
저벅 저벅…
사랑옵는 이 계절을
일심기도 품새로 걸어간다.

들국화 꽃

뜨겁던 여름내 엎드렸기에
가여워 했었더니 용케도 견디었구나

척박함에 힘겨워 하던 나날
새벽의 이슬에도 고마워 눈물지었고

비바람에 몸서리 앓던 날엔
고개를 숙이고 서럽게 울기도 하더니

가을빛 타래 엮어진 들녘에
마침 하얗게 하얗게 핀 소박한 들국화

힘겹던 세상 속에서 돌아와
설운 마음 가슴에 안겨 울었던 맞벌이

쑥스럼 마저 귀여운 아내와
은근히 겹치는 의미를 감내할 수 있어

깊은 겨울날 함박 눈보라가
세상을 지워 와도 네 흰웃음 못 잊겠다.

봄날의 향수

선선한 고요함이
한 줄 남풍으로
별자리 흔들어 기울이면

깊었던 그리움들
이 봄 시가 되자
붓끝에 오손도손 모이지

애꿎은 호롱불에
밤새 던진 단어
강둑의 쑥부쟁이 같아도

길어진 고향생각
그 곳 동산마다
진달래 피워내고 그립지.

고 민 관

시인
호 : 楷正(해정)
광주대학교 공과대학 졸업
조선대학교 경영대학원 수료
나주시청 건설교통국장 역임
전남도의회 건설교통전문위원 역임
건설기술용역회사 대표이사 역임
대통령표창(2001), 녹조근정훈장(2009)

저서 : 내 인생의 순간들(2022)

가난

가난은 죄인이었다.
바늘로 꿰맨 허술한 옷 입고
늘 우울하고 기가 죽어
남의 눈 피하고 싶었다.

쪼들린 살림에
병원 신세도 못 지고
세상 떠난 나의 아버지
생전에 자식 노릇 못한 후회의 눈물

온종일 햇빛 등지고
기계처럼 일만 해도
남 눈치 보는 셋방살이 서러운 눈물

끝이 안 보이는
가난의 먼지 속
무시 멸시 도외시 천대받을 때
영육이 두 개로 찢어지는 듯한 아픔

수제비 물국수로
가난을 먹을 때
가난은 모든 걸 집어삼키고
하늘도 무너뜨렸다.
아침 햇살이 내 어깨 등을 포근히 감싼다.

마당 한구석
심어 놓은 감나무
주렁주렁 달린 감
나도 이만하면 마음의 부자다.
가난은 나의 은인이다.

가을 아침

동트는 새벽 눈뜨자
연무가 꿈틀거리고
창가에 기대
싱그런 아침 향기 미시며
거울 속 일그러진 얼굴 다듬질한다.

마당 한 귀퉁
감나무 감이 주렁주렁
짹짹 노래하는 참새 떼
신선한 바람 완연한 가을 온다.

가을의 진객
하얀 구절초꽃
이슬로 세수한 꽃잎이
함초롬히 웃고
막 떠오른 햇살
싱그러운 풀잎 사이 파고든다.

매일 받는 선물
오늘이라는 선물
나의 하루 오늘도 빛난다.

먼 산언저리
늘 푸르른 청솔
오솔길을 걷고 싶다.
9월, 가을 아침에

고구마

아침마다 먹는 찐 고구마
손으로 껍질 벗겨
입으로 넣으면
단맛이 스르륵 스며든다.

군것질 없던 어린 시절이
살며시 떠오른다.
달고도 실팍한 생고구마
깎아 먹고 점심은 의례 대신했다.

고구마 찔 때는 김이 모락모락
콧속으로 스멀스멀 들어온
구수한 냄새가 그립다.

겨울의 맛이 가득 담긴
시원하고 새콤한 파래김치
함께 먹은 찐 고구마
입맛을 사로잡는 별미였다.

추운 날 화롯불 속에서
구워 낸 고구마
몹시 뜨거워 이손 저손 옮기며
호호 불어 열기 식히고
고구마 껍질 벗겨 주시던 어머니

따뜻한 어머니의 마음이 담긴
고구마 맛 잊을 수 없다.
고향의 추억이 새록새록 묻어난다.

고향 바다

소식이 사라지고
연락이 있어도
닿지 않는 고독한 곳
내가 가지 않으면
아무 소용 없는 외로운 곳

멀고 쓸쓸하고 고립된 어두운 밤
어둠 속에서 헤어나지 못해
고단한 밤을 보내야 했다.

고독감에 시달리는
그 순간마다
한없이 초라하고
한숨 섞인 슬픔이었다.

폭풍이 몰아치고
상처를 적시는 파도 소리
절망이 짓 씹혀
부서지는 것만 같았다.

쉬지 않고
앞길을 가로막은 파도 소리
고요한 파도의 포말을
바라보며 봄을 기다렸다.

반백년만에 바라본 고향 바다
내 마음 물들이는 쪽빛 바다
그때의 흔적들이
길손의 발길 멈추게 한다.

그대 내 친구여

살기 바쁘던 그 시절
우린 평탄치 못할 길 걸어왔다.
울퉁불퉁한 돌길, 낯선 길

우린 퇴직하면 자주 만나겠지
기대했는데 막상 현실 앞에서
오고 가는 발걸음이 왜 이리 무거운지

뭐가 그리 바쁜지
오늘의 어려움을
주절주절 나열하는 그대
평생 은퇴는 없는 것 같다.

어린 시절 학교에서 처음 만났지만
수십 년이 지난 지금
어이없게도 그때와 달라진 게 없다.

서로 안부 묻고 걱정하고 응원하고
때론 틀어지고 서로 서운해하고~~~

아! 달라진 게 하나 있다.
길을 찾아 헤매느라 곱고 앳된
얼굴이 폭삭 늙어버렸구나.

강물처럼 조용히 흘러가는
네 모습이 무척 보고 싶어
아프지 말고 아프지 말자. 그대 내 친구여!

내 고향의 샘물

고향 마을
안으로 들어서니
눈길 가는 곳이 있다.

심한 가뭄에도 마른 적 없는
아랫마을 주민들의 생명수였던 샘

무더운 여름날엔
속까지 시원하게 식혀주고
환하게 미소 짓게 하는 곳

동네 아낙들 두레박으로 물 한 통을
길러놓고 얘기꽃 피우던 우물가

백발이 찾아온 내 고향은
집 집마다 수도가 연결되어
샘물 찾는 발길 뜸해지고

사시사철 샘솟던 우물은 말라
바닥을 드러내고 있다.

머리 위에 물통이고 다니던
엄마의 봄날은 언제였던가!

영원하리라 생각했던 엄마도
샘물도 기억에서 점점 멀어져간다.

가슴속 깊이 자리한 잊을 수 없는
그 우물 물맛이 그립다.

사랑의 꽃

만나면
언제나 기분 좋게 하는 너
봄의 들머리에 피는 너
새로운 기쁨, 새로운 만남
난 너무 행복하다.

언제나
즐거움과 향기를 선사하고
기쁠 땐 기쁨을 주고
슬플 땐 위로해 주는 너
난 너무너무 고맙고 아름답고 아프구나,

몸이 희생되어도
아픈 고통 받아들이고
변함없는 즐거움과
위로의 향기를 선사하는 너
내 맘속엔 잔잔한 감동이 전해온다.

싫은 표정 하나 없이
날 만나면 활짝 웃고
향기 선사하는 너
내 맘속에서 사랑의 꽃이 핀다.

산을 오른다

늘 오르는 산마다
크기와 모양이 다르고 풍경이 다르다.
그러나 그 정신은 한결같다.

그 정신을 아는 산객들이
마음을 나누려고
따스한 봄볕을 등에 가득 지고
초목들과 대화를 나누며 걷는다.

새순들이 기지개를 켜고
새들은 노래를 불러주고
나무들이 살랑살랑 춤을 춘다.

그곳에 닿기 전에 고통이 날 기다린다.
몇 번이고 돌아갈까 망설여진다.

하산객들이 꽃처럼 환해 보여
마음 고쳐먹고 다시 일어나
가파른 산길을 헉헉대며 오른다.

앞만 보고 걸어온 길 뒤 돌아보니
상처 입은 풀잎들이 손을 흔든다.

어렵게 보이던 그 정상
어느새 내 앞에 다가와 날아갈 듯 쾌감이 든다.

하늘에는 꽃구름 흘러가고
나 어릴 적 뛰놀던 동네 저 멀리 보인다.

잔설(殘雪)

먼 산봉우리 응달진 곳
겨울의 끝자락에 머문 잔설이
미쳐 자리 뜨지 못한 채 그대로 있다.

산야엔
새싹들이 드러내고
숲속의 새들도 바빠지고
봄의 기운이 시나브로 피어오르는데

깡마른
검불에 얹힌 잔설이 맘속에
아직도 무슨 미련이 남아
힘 부친 풀들을 붙들고 있다.

하루가
고통스럽고 버티기 힘든 이곳
누군가 기다리다 슬픔에 젖어
눈물의 흔적만 남기고 덧없이 사라진다.

추억의 뒤안길

그리운 시골 고향 집
추억은 방울방울
그 한 방울 한 방울 들여다본다.

파란 하늘 푸른 바다
뒷산 들판 돌담길
세월의 흐름을
고스란히 간직한 곳
내가 태어난 섬마을

고마운 사랑
미안한 사랑
보고픈 사랑
사랑 앞에 눈물 흘려도
눈물이 멈추지 않네.

침묵 속에 담아둔 말
사랑한다.
추억과 꿈의 땀방울

사랑이 머무는 곳
행복이 가득한 곳
한없이 감사하다 고맙다.

최 형 묵

시인, 목사, 사회복지사
아호 : 광음(光音)

국제문학 31회 신인작가 시 당선
예광교회 담임목사
사단법인 글로벌행복한사람들 이사장
서울기독대학교일반대학원 박사과정 수료
저서 / 나는 사회복지사로 살기로 했다(2018)
공동시집: 사명자의 흔적
이메일 dreammtn@naver.com

삼일절

일구일구년 삼일절
남녀노소 태극기를 들었다

"대한독립 만세", "대한독립 만세"
만세의 함성은 생명의 외침, 피의 소리

태극기로 함경남북도, 평안남북도, 황해도, 강원도,
경기도, 서울특별시, 충청남북도, 전라북남도
,경상남북도(울릉도, 독도), 제주도가 하나가 되었다.

3.1절의 생명의 외침에
동해도, 서해도, 남해도 손을 잡았다.

이공이사년 삼일절이다
칠천 칠백 칠십 오만 사천육백 십일명의 생명이 되었다.

할미꽃

웃는 눈에 미소를 머금은
할머니 얼굴은 동그라미

간간이 다식과 꽃감을 주신
할머니 손은 보물창고

머리에 이고 등에 업어
할머니 등은 꼬부랑이

손자 손녀 함께 하고 싶어
뒷동산의 할미꽃이 되었다네

왜 사느냐고 묻거든

왜 사느냐고 묻거든
세상에 태어남이 감사해서 산다고 대답하겠습니다

왜 사느냐고 묻거든
살아있음에 감사해서 산다고 대답하겠습니다

왜 사느냐고 묻거든
내일을 위해 산다고 대답하겠습니다

왜 사느냐고 묻거든
다가오는 노년을 위해 산다고 대답하겠습니다

왜 사느냐고 묻거든
자신에게 부끄럽지 않으려고 산다고 대답하겠습니다

왜 사느냐고 묻거든
먼 훗날에 후회하지 않으려고 산다고 대답하겠습니다

왜 사느냐고 묻거든
그런대로 '행복했었다'고 고백하고자 산다고 대답하겠습니다.

열 번째 고개

일 백여 년 전에 경순왕의 후예가
망룡골에 반하여 둥지를 틀었습니다

연지 찍고 곤지 찍고 꽃가마를 타고
망룡골에 오신 새색씨가 있었습니다

고운 손으로 만지는 것마다
삶의 일부가 되었습니다

크지도 작지도 않은 발걸음이 옮겨질 때
곡식이 자라나고 과일이 맺혔습니다

자녀들을 하나 둘 셋 넷 다섯 낳아 금지옥엽
키워 순천 거제 서울 여수로 보냈습니다

한평생 곁에서 함께하던 낭군님은 먼저
왔던 길을 뒤돌아 아버지의 집으로 갔습니다

살아오는 사이에 머리카락은 백발에 귀는
희미하여 들리지 않고 몸은 여기 저기 신호가 옵니다

그러는 사이 자녀들과 손자와
지나온 고개를 세어보니 아홉 고개를 지나 왔습니다

어느새 저 앞의 열 번째 고개를 바라보며
감사의 미소를 짓고 있습니다

생애 최고의 시간

장흥의 억불산 자락에
60년 된 편백들이 숲을 이루었다

100핵타르 편백의 숲들이
준비한 선물은 힐링과 치유!

천일염과 편백의 소금집, 족욕탕, 난대자생
식물원, 편백의 사이를 지나 음이온폭포!

가족과 연인, 친구들을 위하여
한옥 목조주택 황토집이 어우러져 있다

편백숲의 피톤치드를 어머니와 들이시며
거니는 시간은 생애 최고의 시간이었다.

숲의 향연

1
긴 밤의 친구 되어
단잠을 자고 일어났다
까악 까악 인사하는
까마귀들의 소리가 정겹게 다가온다

산골짜기 작은 물소리가
노래를 부른다

깊은 산속이라 다가가지 못하자
숲속의 풀들과 나무들이 다가와 준다
2
별을 물고 있는 개별꽃
연한 순의 신나무

까치발로 서있는 꼭두서니
이름과는 어울리지 않는 애기똥풀

봄의 활력소가 되어주는 드릅
노랑나팔을 자랑하는 산괴불주머니

연초록의 국수나무
연분홍과 노랑나팔의 병꽃나무

일본에서 이사 온 일본 잎갈나무
흰색으로 단장한 갯버들

분홍으로 조화를 이뤄주는 산벚나무
숲의 향연에 내 마음도 정겹다

5월의 감사

아동의 소중함을 알려주는
5월에 감사합니다

이 땅에 순례자로 오게 하신 부모를
바라보게 하는 5월에 감사합니다

기어 다니던 아기가 세상을 품어가는
청소년이 되어가는 5월에 감사합니다

금성과 화성처럼 만나 서로를 의지하는
부부가 되어 5월에 감사합니다

작은 천국을 맛볼 수 있는 가정이라는
울타리를 주신 5월에 감사합니다.

인생나무

기나긴 밤을 보내고 이른 아침
기지개를 켜고 주위를 두리번거린다

제왕들을 세워주듯 노랑으로
단장했던 개나리도 길을 떠났다

분홍으로 손짓하던 진달래도
다음을 기약하며 몸을 감추고

백의의 천사처럼 고고히 자태를
뽐내던 목련도 길을 떠났다

도로변과 앞 뒷동산에서 연분홍 날리며
미소 짓던 벚꽃들도 몸매를 감추고

흰색 옷으로 단장한 아카시아도
짙은 향기를 발하며 이별을 알려온다

온갖 꽃들과 나무들이 찾아와
우리에게 기를 불어넣어 주는데

지천명을 지나 고희를 살아온 인생나무가
발한 향기와 불어넣은 기는 무엇인가?

이밥나무

알알이 꽃송이 위해
땅속 깊이 숨어있는 영양소를 가져 왔습니다

알알이 꽃송이 피우기 위해
웃어주는 따뜻한 햇살을 받았습니다

알알이 꽃송이 피우기 위해
긴긴밤 무서움도 이겨 냈습니다

알알이 꽃송이 피우기 위해
휘몰아친 바람과 마주 하였습니다

알알이 꽃송이 피우기 위해
하얀 눈과 친구가 되었습니다

알알이 꽃송이 피워서
어머니의 손길을 알려줍니다

알알이 꽃송이 되어
생명의 떡이신 예수님께 나아갑니다.

어머니의 여행

꽃다운 청춘에 결혼이라는
열차에서 기둥같은 남편을 만났다

멋진 세상 살아보겠노라
행복의 무지개를 그리며 세상을 살아왔다

뱃속에 10개월 고이 품었던 생명이
하나 둘 셋 넷 세상에 태어났다

유라굴로 같은 광풍에 기둥같은 남편은
휘청거리며 힘을 잃었다

야속하게도 거듭된 눈보라와 태풍은
의지했던 남편을 저멀리 데려갔다

곱디 곱던 얼굴에는 주름살이 그려지고
손에는 광주리와 붓이 쥐어졌다

하나 둘 셋 넷 자녀들도 어느덧
결혼이라는 열차를 타고 여행 중이다

달려오며 머리카락은 백설이 되었고
길옆의 역은 팔순을 지난 미수라고 쓰여있다

언젠가 여행이 끝나고 모두가 만나는 날
서로 서로 우리 너무 행복했다고 고백하게 되기를 .....

김 제 순

시인
목사, 필리핀선교사
호: 풍경(風景), 강원도 영월 출생.
12회 국제문학신인작가상 시 당선
제5회 한반도통일문학상 수상

현재, 필리핀 선교사
시산문, 시와 수필마당, 시인의 정원에 다수의 시를 발표함.
국제문학 필리핀 동부지사장

꽃 담

담에는 흰 꽃무늬 피어나고
오솔길 손 끝 감촉에 꽃향기가 유혹하니
넘어 창틈으로 커피 향 소담스레 쌓여서 날아든다.

길 옆 담장이 나를 세우고
그 너머로 투명한 그림이 나를 유혹하니
고풍의 향기로 식탁에선 아낙의 풍미가 부른다.

그리움을 담아 미각이 춤을 추고
하늘 구름으로 날아올라 담으로 드리워진 꽃길에 서니
투명한 담 흰무늬 꽃 피어올라 아름다운 여인이 향기로 맞이
한다.

둘로 하나 되어 살아가기

손에 흔적이 남는
꿈으로 살던 그리운 시절
머나먼 곳에 홀로 앉아 눈물 세월 이루고
긴 밤에 한 줄 세이며 가는 그리움에 쌓인 친구들
허상에 잠기네

추억에 오는 미래는
오늘 사는 꿈 시간에 매달아
마음으로 그리던 행복 세월의 긴 꿈을 뚜드리고
한밤을 세이며 토닥이는 등불 꿈을 깨우며
가는 미래로 향하네

삶이 저 들에 묻혀
소망이 흐르는 강가에 서서
익숙한 노래로 변조되어 삶의 행복 노래하고
새날의 가족이 하나 되어 둘이 살아가는
행복 노래로 이루네.

눈 오는 밤에

눈 오는 밤에는
그리움이 익어 간다.
겨울 모퉁이 행복으로
황량한 들판을 지나
붉은 너울에
따스한 네온으로 꿈을 담아
세월 속으로 흘러간다.

하나둘 점 하나(12.1)

감도 없다
시간도 모른다.
내 손목에 시계가
벽에는 숫자가 없다면
하나가 서 있다
그래서 둘이 그리워 말한다
하나를 더하여 달라 호소하면
열둘에 하나로 되어가는 새로운 날이다.
그립다 말하면
시간의 한 달이 지나고
새로운 해맞이 그리운 달이 온다
따뜻한 방에 누워 행복을 그리는 날이다
점 하나 지나고
발자국 두 개로 그림을 그리면
친구의 손목에 온기로 세월 나누고
추운 겨울 하나의 행복에 집으로 가두어 간다.

관음송

발자국 하나를 가두어 두어라
포효하는 호랑이의 들먹임도 가두라
창 끝 일렁이는 붉은 달도 가두라
나의 세계로 침노하지 못하도록 하라
천년의 세월을 벼랑에 삼면의 물로 가두라

하나의 관음송을 지키라
천년 세월 눈으로 말하기 전에
망루에 올라 달빛 아래 누울 머 언 십대의
아낙 소식을 알리기 전에
조각배 흐름을 창끝에 걸린 눈으로 바라보라
그리고 금표비 하나에 흔적을 남기라.

*관음송: 영월 청령포의 관음송(천연기념물349호):
           600년 된 소나무

다래골 풍경

마을 다래 골
깊은 샘 곁
층층이 열린 눈길에
아낙의 손길은 분주하고
남정네 호들갑은 하늘을 찌르네.

다정한 흔들림
호롱불 밑의 눈들은 춤을 추는데
손끝으로 발가락 지축을 다지고
향기에 피어나는 술
보리수 내음 목을 축인다.

다래골 마을
숨 가쁜 아낙은
남정네의 발길 허공에 두고
손끝의 일상엔 화목한 상차림
다래골 가정엔 웃음이 일렁인다.

꿈

무엇이 그리워
산마루에 걸터앉아
황혼에 빛으로 기다리며
해는 제집을 찾아가질 않는가

꿈 그리고 봄

꿈을 가지고
풍선에 몸 달아
세월 친구와
가을 여행을 떠난다.
지금은
봄!

왔다 그냥 가

왔다 그냥 가
흔적은 그늘 발짝만 아련히 남기고
왔다 그냥 가
이름도 성도 모를 뻔한
방문에
삽짝 문이 열려 있는데
선물도 없이 외로이 떠나가 버렸네
눈에는 샘이 터지고
마음은 돌이 박히네
왔다는 흔적 향기만 뿌렸기에

고개 넘어 내임 못 올수록

오르고 올라
높이 오르고 올라라
고개 넘어 내임 못 올수록
흰 구름 아니 올라도 안개는 피어올라라

내리고 내려라
땅으로 젖어 내려라
고개 넘어 내임 못 올수록
흰 구름 아니 내려도 먹구름에 비는 내려라

오르고 내려라
물안개 피어올라라
고개 넘어 내임 못 올수록
님 그리운 내 눈물에 물안개 피어올라라